TIR NEWYDD
A CHERDDI ERAILL

TIR NEWYDD
A CHERDDI ERAILL

HILMA LLOYD EDWARDS

© Hilma Lloyd Edwards 2008 ℗
Gwasg y Bwthyn

ISBN 978-1-9048-4570-6

Cedwir pob hawl.
Ni chaniateir atgynhyrchu unrhyw ran o'r cyhoeddiad hwn na'i gadw mewn cyfundrefn adferadwy na'i drosglwyddo mewn unrhyw ddull na thrwy unrhyw gyfrwng, electronig, electrostatig, tâp magnetig, mecanyddol, ffotogopïo, recordio, nac fel arall, heb ganiatâd ymlaen llaw gan y cyhoeddwyr.

Mae'r cyhoeddwr yn cydnabod cefnogaeth ariannol
Cyngor Llyfrau Cymru

Cyhoeddwyd ac argraffwyd gan
Wasg y Bwthyn, Caernarfon

CYNNWYS

Tir Newydd 11

Caer Arianrhod 20

Y Caban Chwarel 22

Eryri 24

Dyffryn 25

Gwyliwr 26

Crwydryn 27

'Sgubwr stryd yn Colmar 28

Dim Riv 29

Ergydion 30

Cylch Meini Brodgar, Ynysoedd Erch 35

Trobwynt 36

Bwystfil 38

Y Castell 39

Ymson Jogar 40

Min Nos yn Jarlshof 42

Tre'r Ceiri 43

Adfail 44

Ynys Iona 49

Ar y Ffin 50

Caer Gors, Rhosgadfan 56

Caer Rufeinig Segontium, Caernarfon 56

Ogofâu Dan-yr-Ogof, Cwm Tawe 56

Abaty Llandudoch, Aberteifi 56

Geiriadur 57

Gerddi Crog Babilon 57

Cwch Gwenyn 57

Dolffin Bae Dingle 58

Gorwelion 60

Paham? 65

Creithiau 66

Dylwn gydnabod gyda diolch fod rhai o'r cerddi wedi ymddangos yng Nghyfansoddiadau a Beirniadaethau yr Eisteddfod Genedlaethol (2008), Cyfansoddiadau Eisteddfod Môn (2007), a Chyfansoddiadau Eisteddfod Powys (2004)

DIOLCHIADAU

Hoffwn fynegi fy niolch i'r canlynol:

-Mr. Geraint Lloyd Owen a Gwasg y Bwthyn am roi trefn ar waith un ddiog a blêr fel fi.

-Mr. Ifor Baines am ysgrifennu'r cyflwyniad, ac am agor drysau'r Gynghanedd i mi yn ei ddosbarth nos ers talwm. Arno fo mae'r bai am bob dim!

-Canolfan Hanes Uwchgwyrfai, Clynnog Fawr, am fy annog i roi'r gyfrol at ei gilydd yn y lle cyntaf.

Ac i bawb arall a fu o gymorth i mi mewn unrhyw fodd. Diolch yn fawr iawn.

CYFLWYNIAD

Deuthum i gysylltiad â Hilma Lloyd Edwards gyntaf pan oedd yn aelod o un o'm dosbarthiadau nos ar y cynganeddion. Wn i ddim faint o gymorth fu'r dosbarthiadau hynny iddi, ond fe sylweddolais yn fuan fod ganddi ddawn arbennig i drin y gynghanedd. Yr argraff a gefais oedd fod cynganeddu yn dod yn weddol rwydd iddi. Fe wyddom fod ymarfer cyson o fudd mawr os am lwyddo yn y maes yma, ac yn sicr mae hyn yn wir yn achos Hilma Lloyd Edwards. Drwy'r blynyddoedd mae wedi gloywi ei dawn wrth gystadlu mewn eisteddfodau, wedi ennill nifer fawr o gadeiriau a choronau, gan gyrraedd y pinacl eisteddfodol eleni pan gipiodd y Gadair Genedlaethol yng Nghaerdydd gyda chasgliad o gerddi. Fe gynhwysir y cerddi buddugol yn y gyfrol hon, ynghyd â rhai o'r cerddi eisteddfodol eraill.

Mae ganddi ddiddordeb dwfn mewn archaeoleg a hanes, ac mewn nifer fawr o'r cerddi sydd yn y gyfrol gwelwn ei gallu i ail-greu awyrgylch oesoedd a fu mewn darluniau cofiadwy. Er enghraifft, yn y gerdd 'Cylch Meini Brodgar, Ynysoedd Erch' fe gawn y disgrifiad hwn:

> Yn y gwyll, bidogau gwyn
> A gwyd o'r caddug ydyn'
> Yn noeth i drywanu'r nos
> O hafnau oer y cyfnos.

Nid pob cynganeddwr sy'n meddu'r ddawn i greu darluniau mor effeithiol mewn ychydig eiriau.

Yn ogystal â cherddi sy'n ail-greu naws oesoedd a fu, mae yma hefyd gerddi am bynciau ac amgylchiadau mwy cyfoes. Mae 'Ergydion' yn ymwneud â'r dirywiad yng nghefn gwlad Cymru a llosgi tai haf. Mae 'Adfail' yn gerdd afaelgar iawn am drychineb Efrog Newydd, ac yn y gerdd 'Gorwelion' lle mae'r awdur yn trin y wers rydd gynganeddol yn ddeheuig dros ben, cawn ddarlun o ŵr alltud o Gymru yn byw ar gyffuriau ar strydoedd Llundain. Gall hefyd, ar dro, greu darlun cyfoes, byw o'r hyn sy'n digwydd ym myd natur gan beri i ni deimlo ein bod yno gyda hi yn gwylio'r cyfan. Dyna'r darlun, er enghraifft, o'r arth yn chwilio'n ofer am fwyd i'w chenawon yn y gerdd 'Spitsbergen', un o gerddi'r casgliad 'Tir Newydd':

> Hithau'n dal i deithio
> o ynys i ynys wen,
> ac ar hyd mosaig yr iâ,
> a'i gwaedd am gig
> yn herio eco'r craciau,
> nes i golofnau o goesau gwan
> nogio a gwegian ...

Mae'r nodyn ysgafn yn ymwthio i ambell gerdd yma. O gofio dawn yr awdur yn fy nosbarth gynt i lunio sawl englyn a chwpled ysgafn a hwyliog, nid yw hyn yn rhyfeddod i mi. Efallai, yn wir, y cawn gyfrol arall gan yr awdur a fydd yn dangos ei dawn yn y cyfeiriad hwn, ac y byddai hi yn dadlau nad oes lle iddynt yn y gyfrol hon. Ond y mae arwyddion o hyn yma. Hoffais y cywydd 'Ymson Jogar' sy'n cynnwys disgrifiad ohoni'i hun yn cychwyn allan yn y bore bach:

> A llenni'r byd i gyd ar gau,
> Rasiaf i lawr y grisiau
> Yn y cap pig-deryn ciwt
> A hen racsyn o dracsiwt.

O ran mesurau, mae yn y gyfrol gryn amrywiaeth – y cywydd, yr englyn, y wers rydd (ynghyd â'r wers rydd gynganeddol – rhyfedd o enw!) a'r soned.

Soniais fod yr awdur wedi ennill nifer fawr o brif wobrau drwy'r blynyddoedd. Golyga hyn fod ganddi gasgliad go dda o gerddi hir dan ei henw bellach. Un peth sy'n sicr, mae angen ymroddiad a dyfalbarhad i lunio cerddi fel hyn, ac mae'r rhain yn rhinweddau amheuthun iawn yn oes y pethau byrion a'r ymateb parod a slic. Da o beth, felly, fod cystadlaethau ar gael sy'n annog beirdd yn y cyfeiriad hwn.

Llongyfarchiadau gwresog iawn i'r awdur ar ei chyfrol gyntaf o farddoniaeth, ac ar ei champ fawr yng Nghaerdydd. Profiad blasus iawn i mi fu darllen y cerddi, ac mae blas mwy yma, yn sicr.

> Mae'n Awst, a Hilma'n eistedd – yn llawen
> O flaen llu yr Orsedd;
> Fardd praff, gwnêst yn saff o'r sedd,
> Rhwydaist y brif anrhydedd.

IFOR BAINES

TIR NEWYDD

(i)
YNYS Y PASG

Ni wyddom, neb, pwy oeddynt,
y gwŷr o garreg
a naddwyd yn niwl y blynyddoedd
gynt; y gwŷr
di-wên, di-ŵg,
yn galed, oer eu golwg,
a thragwyddoldeb yn eu hwynebau
hir.
    Ond gwyddom hyn –
y safasant yn rhes i fesur
arafwch y canrifoedd
yn nadreddu ar hyd ruddiau
hudolus eu hynys hardd;
sefyll yn lleng ddisyfyd
i wylio hynt yr heuliau
o oes i oes wen.

Ai byddin gyfrin, gudd
yw hon, a luniwyd gan hud
rhyw Wydion llawn direidi
eonau'n ôl?
Ai ef a'u tyfodd
fel coed cyntefig
o bridd eu bro?

Eu meithrin yn gatrawd frawdol
o arwyr i herio
ciwed anweledig
o elynion?
    Neu a luniwyd
hwy'n haid o ddarnau gwyddbwyll yn y llwydwyll oer
a'u gwasgar hyd fwrdd chwarae'r
duwiau, i aros ar eu sgwariau gwyrdd,
yn gôr ar hanner gêm,
gêm a aeth o gof
hil a lethwyd ers cenedlaethau?

Dywedir mai cyndeidiau –
llun o orffennol y llwyth
ydynt, ac y'u gosodwyd
ar uchelfan eu llwyfannau'n
gofeb oesol, gyfan,
yn unswydd, – albwm tri-dimensiwn
er budd pob rhyw ddydd a ddaw.

Dacw Taid, a'i daid o'n
gawraidd, ddiguro,
yn gwylio'r trigolion,
eu gŵyl a'u gwaith
o wead eirias y byd arall,
yn fodau arallfydol
eu darn o dir;
rhai creulon, llawn haelioni,
yn hawddgar ac yn anwar bob yn ail ...

Gwelaf fedlam o fflamau'n
gwau, ac mae drymiau'r gwyll
yn drydan drwy organau
môr o gyrff yn furmur gorffwyll.

Gweld dagr goch,
        gweld dagrau gwaeḍ.

Twrf tyrfa'n
blysgar fyddarol
yfed o win ei defod
yn noeth ar allorau'r nos,
ac yn griddfan am gelanedd
yng ngwyll y cyllyll cain.

Ai arwr yn ei eurwisg
yw'r truan yn y canol,
yn hualau llidiog angau'n gwingo,
o'i roi yn ysbryd rhydd,
yn aberth i'r wynebau
                fflat a diymateb?

Ni wyddom, neb, pwy oeddynt,
y gwŷr o garreg
a naddwyd yn niwl y blynyddoedd

gynt; y gwŷr
di-wên, di-ŵg
yn galed, oer eu golwg,
a hen hunllefau
ynghudd yn eu hwynebau hir ...

                  ... *hwyrach*
mai i ni y mae yn newydd,
y dwthwn hwn, y daith unig
tua'r dibyn, at derfyn dydd
yn niwl ein hoes annelwig ...

(ii)
TUVALU

Tai pastel uwch yr heli
eu lliw sy'n gymysg â'r lli,
dail yn gylch o'u hamgylch hwy
a'u hud mor ddarfodadwy
heno, a'r Llanw-Frenin
ar dramp ym mhoethder y drin.

Tonnau llaeth hyd draeth ar dro
adwaenant ei ddod yno
gam wrth gam, i dorri'i gŵys
ar redeg drwy baradwys;
clywn ei sŵn o draw'n nesáu,
rhu oer bwytäwr erwau.

Cystwyo a llwydo'r lli
wna hunllef storm o genlli,
a thraethell o bicellau
anwar ydyw bwa'r bae,
eu mwstwr yn ymestyn
y gad tua'r gorwel gwyn.

Daeth gwaedd anfadwaith y gwynt
ar hwyliau i greu helynt
a choed ysig yn sigo
dan ei lach syfrdanol o;
corddwr drwy'r môr yn cerdded
a malais ei lais ar led.

Ysywaeth, yno nid oes Seithennyn
a haedda gael ei gondemnio'n feddwyn
heddiw ar y tŵr, na llifddorau tynn
a'u dur yn fur i ddal pob diferyn;
wele'n swp drigolion syn yn y tawch
yn herio awch y llifeiriant brochwyn,
ac ym merw'r llyncwr llwyd
eu hynys a feddiannwyd.

Tai pastel is yr heli,
eu lliw sy'n gymysg â'r lli,
a chychod bach hyd y bae
a ddyrnwyd yno'n ddarnau;
heno, bu'r Llanw-Frenin
ar dramp ym mhoethder y drin.

(iii)
SPITSBERGEN

Draw ar orwel yr heli ar y tir
lle ceir tawch rhwng rhewli',
a dŵr yn adrodd stori:

caer wen a'i hawyr denau yn wynfyd
dan enfys o liwiau,
dannedd brith ei deunydd brau
yn alar ac yn olau.

Nid yw'r narwhal yn galw
yn haid fel y buon nhw
a'u hasbri'n llenwi'r llanw;

dim ond dod yma'n un a dau
i sianel lle bu dwsinau
yn nodded yr hen ddyddiau

ger y lan yn corganu
yn y dwfn fel clychau du,
i erchwyn yr iâ'n cyrchu ...

Arth wen fel hufen ar hynt
ar riniog y dwyreinwynt,
mae hi'n gwirioni'n yr iâ,
yn chwarae'n y lluwch eira
ar wanc – ni wna'r pyllau rhew
ildio'r un morlo boldew!

Yn eu gwâl glyd o'r golwg
yn dri, mae'i chenawon drwg
drwy'r nos yn ei haros hi
yn ôl o helfa'r heli,
â rhaid yn eu llygaid llwm,
arlwy ar frys 'rôl hirlwm!

Hithau'n dal i deithio
o ynys i ynys wen,
ac ar hyd mosaig yr iâ,
a'i gwaedd am gig
yn herio eco'r craciau,
nes i golofnau o goesau gwan
nogio a gwegian
yn nannedd y gwastadeddau,
yn fyr o gyrraedd yr ogof eira
gynnes, ac yno
dri phâr o lygaid eiddgar yn sganio'r gorwel
yn ufudd, ofer ...

O'i guddfan anwel, un gŵr yn hela
ar allt emrallt gan bwyntio'i gamera
ar emwaith o banorama, a gwên
y wawr oren yn caboli'r eira.

Gwelai ysgafnder gwylan
yn 'sgubo'n donnog
i wely'r rhewlif,
a dannedd brith y deunydd brau'n
oesol, laswyn
ar y llethrau llithrig;
clywai, uwch oernad ei galarnad laes
waedd iasol yr unigeddau'n
eilio'i dolef,
a gwyddai mai'r dannedd nas gwelai
               a'i cnoai drwy'r cnawd.

(iv)
RHEGED

Urien, gormod yw yngan d'enw
iddynt, yng nghaer d'ogoniant heddiw,
dy lannau aeth i'w dwylo nhw,
i wyll uniaith eu llanw.

Y nhw ddi-nod a'th fwriodd yn neb
i ebargofiant heb wir gofeb,
i droedio fel rhyw ystrydeb
ar heldir anfarwoldeb ...

Yr Hydref, minnau'n crwydro heolydd
annelwig dy henfro
drwy gynefin yn crino
yn erwau cudd llwybrau'r co'.

Oedais lle'r oedd fflachiadau o heulwen
yn hulio gweirgloddiau'r
wlad yn loddest o flodau,
a'r haf a'i wres yn parhau.

Yn ôl yng nghwmni'r teulu, yno'r o'wn
yng nghraidd y gosgorddlu,
a'r eiddgar, aflafar lu
yn arfog, yn cynhyrfu.

I awen gŵr yn saernïo geiriau,
ei lais carlam yn megino'r fflamau
a yrrai ynni i euro tariannau,
ac iasau iaith yn miniogi saethau,
a gwyllt sibrydion yn gwau dan y sêr,
i roddi hyder i ddyheadau.

Roedd trin rhyfel yn felys
yng nghleber llonder y llys
ac arwyr yn blaguro
yn frith ar hyd cloddiau'r fro.

Roedd gorchest o fforestydd
ar eu hynt yn grwydr rhydd
a blaenrhes frwd ddifesur
yn gwisgo, yn deilio dur;
y glewion yno'n gloywi
â nwyf ein hynafiaid ni.

Ond bu boregad, bu briwgig,
y llethrau yn troi'n llithrig
a hud yn anghofiedig ...
Y gaer yn fflamgoch i gyd,
a huawdl y saethau gwaedlyd
ar y llawr yn bentwr llaith;
yng ngafael yr anghyfiaith
roedd urddas dy deyrnas di,
ar goll yn lladdfa'r gelli.

Urien, gormod yw yngan d'enw
iddynt, yn nhir d'ogoniant heddiw
wrth i minnau ffoi a throi tua thref
ai gwaedrudd y llwybr tuag adref?

(v)
YNYSOEDD GWNEUD DUBAI
(*Crëwyd ynysoedd artiffisial ar ffurf map o'r byd oddi ar yr arfordir yn ddiweddar*)

"Ar werth! Daear wyrthiol
o dan draed – hwn yw dy dro
di, ein cyfaill doeth (a chyfoethog!)
i roi dy farc ar dy fyd;
mae gennyt fedr i ddal yng nghledr dy law
aneirif diroedd
ein planed ddiflanedig
o Wlad yr Iâ i Wlad yr Hud
am swm ...
        A pha ryw swm sydd
gymesur â'r fath anturiaeth?

17

O suddo dy fuddsoddiad
gyda ni, fe gei di nef
gerllaw y dyfroedd tawel.

Asia'i gyd, os t'isio, gei
yn ysblander o westy chwe seren,
a thai heirdd i'r tylwyth oll
os mynni, canys y mae yno
filas nefolaidd
i ddal pob rhyw boced ddofn.

Cei hwylio i dorheulo yn Awstralia,
ddeng munud hudol
o daith yn dy iot ...

A phan fydd ein planed ddarfodedig
yn chwil ac yn chwalu,
fe fyddi di, ein cyfaill doeth,
yn rhodio ym mharadwys
ynysoedd artiffisial
Y Byd, Dubai.

Ar werth – daear wyrthiol!"

(vi)
Y LLEUAD

Mae'n mynd
o fodfedd i fodfedd fain
oddi wrthym;
     ninnau ar drugaredd y werthyd,
rheolydd hynt yr olwyn
a fu'n troelli er cyn cof
yn fawr ei dylanwad ar fyd.

Y chwaer fach ar fynd
allan i'r tywyllwch;
y daith nad oes, medd gwybodusion
fodd ei hatal fyth.

A dyma'r rhybudd, – rhyw ddydd a ddaw,
gwelwn ein hwybren yn wag o olau,
yn ddôm annaearol o ddu.

Diwedd ar fflachlamp duwiau'r
nos yn ein gwylio ni;
yr hen ŵr a'i wenau arian
a fu'n gwasgar swyngyfaredd
yn llwch llachar
ar heolydd meidrolion,
a welwodd ac a giliodd o'r golwg.

Ni cheir 'plant bach yn chwara'
heb lewyrch y glôb
loyw, na'r 'un nos ola' leuad'
i hudo bardd hyd byth.

Diwedd ein Daear,
yn belen a bylodd
heb rym a heb ramant ...

Yna, un nos pan na fyddwn ni,
bydd rhywrai'n syllu ac yn saethu i'r sêr,
yn treiddio drwy'r dudew, ac yn tirio o'r newydd
         rhyw ddydd gogoneddus a ddaw.

CAER ARIANRHOD

Honnir y gellir gweld ei holion oddi ar arfordir Dinas Dinlle

Weithiau, pan fo teithiau tân
Yr haul yn serio'r wylan
Ar y dŵr a chorddi'r don
Yn gasged o gysgodion,
Mi wn y teflir meini
Oer a llwyd o bair y lli.

Yna daw 'sgerbydau du
O'i fynwent ddofn i fyny,
Neu ai myth sy'n ymwthio
Ei phen brith dros ffiniau bro,
O wyll yn estyn allan
Ei hir law i fyny'r lan.

O'r gaer fu gynt mor gywrain
'Does ar ôl ond ias y rhain,
Nid yw mwy ond tywod mân,
Ei haur a'i thyrau arian
Yn deilchion, a'i gogoniant
Heno'n ddim ond tri hen ddant.

Muriau llwyd ein breuddwydion
Ieuanc coll yw cerrig hon,
Cans yng nghryfder y cerrynt
Mynd yn gynnar gyda'r gwynt
A wnaethant – byr obeithion
A fwriwyd oll i ferw'r don.

Olion caer ar lan y co'
A'm hanes yn drwm yno,
Yn y bae, ond yn rhy bell,
Yn hesb ac yn anghysbell;
Muriau grisial a chwalwyd
Yn y lli yw'r meini llwyd

O hyd, am nad oes Wydion
Ar daith, all gonsurio'r don
Yn hwyliau ac yn filwyr
Cryfion – creu o wymon wŷr
 hud i'w hatgyfodi
O'r dyfnder a'i hadfer hi
Yn drysor ar y gorwel
Yno'n gain i'r neb a'i gwêl.

Fe wn na ddaw ef heno
I draeth y Dinlle am dro,
Ac yng ngwyll y distyll don
Ni welaf ond yr olion
Nes i len y gorffennol
I'r eigion eu hawlio'n ôl.

Er anrhaith Caer Arianrhod,
Y dydd anochel sy'n dod,
Ni fydd ar fôr yfory
Yn y bae un marc lle bu;
Bydd awyr las, bydd aur li
Yn drwch o dristwch drosti.

Y CABAN CHWAREL
Amgueddfa Lechi Llanberis

Ar y llwybr wrth ochr y llyn
Yn nhes Gorffennaf glaswyn
A chwmni'r prysgoed, oedi
Un hwyr brynhawn a wnawn i.

Ar y graig, disgleiriai'r gwres
A'i ynni'n ffrwydrad cynnes
Hyd lethrau, minnau'n mynnu
Dal ei ddawns ar sbectol ddu.

Olion chwarel a welais
Yn ddi-glwy' ac yn ddi-glais,
Segurai'n ei gwisg ora'
Yn hardd ar ysgwyddau'r ha'.

Ond cysgodion fu'n cronni'n – ara' bach
   Ar ben y clogwyni,
   Awr ddwys oedd pan gerddais i
   O fynwes y llechfeini
   I gyntedd amgueddfa –
Ffodd yr haul a ffodd yr ha'.

Yno, roedd rhes o duniau – yn aros
   Yr awr pan ddôi'r hogiau
   O'r oerfel, llaesu'r arfau,
   Yna'u sŵn yn agosáu

A'u hafiaith eto'n dyfod – at y fainc
   Ac at fwrdd y trafod
   Onid oedd y criw yn dod
   Yn eu harfer, i'r c'warfod?

Yn y stôf, roedd eisoes dân,
Eto, roedd dŵr yn ffrwtian;
Cymryd sêt, tanio cetyn,
Yna te o'r mygiau tun,
Dweud eu dweud ar bynciau'r dydd
Hynny fu'n hanes beunydd,
Yn eu hwyliau a'u helynt
Mewn hafan o gaban gynt.

Un a wisgai ei gysgod – yn unig
Ydoedd hwn; er gwybod
Bod eu seintwar yn barod,
Na, nid oedd un dyn yn dod.

Cragen ymysg y creigiau – ar y traeth
Wedi'r trai, a thonnau'r
Lli o hyd yn ymbellhau,
Yn wag heb sŵn yr hogiau.

Yna, fel rhyw ddewiniaeth,
Wele sain yn dod fel saeth,
Straeon canrif yn llifo
O'r tâp oedd yn nistiau'r to,
Hen stêjar yn llefaru
Yn gryglyd o fyd a fu.

Agor ffiniau'r gorffennol,
Llafn o haul yn llifo'n ôl
A dwy oes yn cydasio
Yn nawns ei atgofion o.

Ond angau'r chwarel welwn
Er hud y cyfarpar hwn;
Nid gwyrth, ond adeilad gwag,
Geiriau rhwng muriau gorwag,

A'r un llais o'r haenau llwch
Yn estyn drosto'i dristwch.

ERYRI

Hen gaer, a minnau'n gyrru
drwy'i hanfod un diwrnod du:

Gorweddai'r niwl
fel mantell wlân
rhyw hen ryfelwr gynt
dros ei hysgwyddau,
a chudynnau mwg ei wersyll
gylch ei thraed.

Hithau,
ei brae anferth
fel mamoth clwyfedig
o Oes yr Iâ,
a'i gwythiennau'n
llifo'n ffrydiau gwyn
dros lwydni'i chnawd
o archollion dwfn y graig.

Ond gwyddwn na chludai'r
heliwr dienw
ei ysbail adref i'w flingo;

canys yr oedd y cwrlid niwl
eisoes yn chwalu,
a tharian yr haul
yn fflachio unwaith eto
uwch fy mhen.

DYFFRYN
yng ngwlad yr Incas

Wedi haf o gyflafan
Yn y cwm lle nad oes cân,
Ni welaf ond anialwch
Ar waun lle'r aeth lleisiau'n llwch,
Y mae ust yn ymestyn
Ei heth rhwng y bryniau hyn.

Yn y pistyll, cyllyll cudd
Hofrant yn nwylo llofrudd,
Ager fel anadl dreigiau
Uwch yr ewyn gwyn yn gwau,
A phydredd sy'n nadreddu
Fel gwrach rhwng y deiliach du.

Mae yno'n gwenwyno'r gwellt,
Yn ysu dan y glaswellt,
Ystryw ysbeilwyr estron
A'u hollt drwy'r gymuned hon
Yn ysgarlad ofnadwy:
Wedi mynd mae'r duwiau mwy
O'r golwg, cyn i'r gelyn
Rwygo hud y creigiau hyn.

Aeth gwaddol eu haddolwyr
I deyrn y cleddyfau dur,
Duodd gwaed eu dyddiau gwyn
Yn offrwm llawr y dyffryn;
Eu henaid aeth ohonynt,
Sŵn gwag sydd yn sain y gwynt,
A'u haul, megis cannwyll wêr
Yn alltud yn y pellter.

GWYLIWR

Joban ddigon hawdd oedd bod yn fownsar,
i foi â mysls fel fo.
Dim ond swagro dipyn ar ei faint
o gylch y lle,
i foddi darpar stŵr,
a dangos ei fod o'n fwy nag unrhyw helynt.

Yna, câi lithro i'r cysgodion
am ddau neu dri o Fodcas ar y slei,
dim ond i gadw'i ben
a phara'n sobor
ar lan yr holl rialtwch.

A dyna pryd y gwelodd nhw:
ton anferth
o anwahoddedigion croch
yn hyrddio'u ffordd fel dilyw
drwy'r llifddorau.

'Mhen eiliad fer,
nid oedd ar lawr y ddawns
ond cregyn,
      a gwymon
           a swnd.

Mae Clwb y Cantre bellach ar gau,
Seithennyn oedd y cynta' i gael y sac.

CRWYDRYN

Cysgodion y machlud yn drwm ar y cei,
a'i arbenigrwydd ar y gorwel
yn gyffredin o hardd.

Ystwyrian cysglyd y tonnau
yn gyfeiliant i'r wylan groch,
a'u cynghanedd draws yn llym
ar lyfnder yr hwyrnos.

Yn unig ar y lan, fe oeda gŵr
a'i lygaid tua'r gorwel fel pe bai
am fynnu treiddio drwyddo;
yna try,
i gerdded hyd y traeth
a'r creigiau'n fud
dan anwes feddal ei sandalau brown.

Pellhaodd
        a diflannodd.

Rhaid ei fod
ar frys i ddal ei fws,
neu fynd am beint neu ddau i'r 'Crown'
cyn i'r tafarnau gau.

Ond na,
tystiai'r eryr aur oedd ar ei darian gref
mai pellach heno ei ddyletswydd ef.

'SGUBWR STRYD YN COLMAR

Rwyt ti yma bob dydd
o flaen yr orsaf,
cyn codi cŵn Colmar,
mewn gwasgod loyw
yn sgubo sgrwtsh
y noson cynt
i anghofrwydd dy fin,

fel milwr
yn clirio'r maes
wedi brwydr.

Ond ar ôl y cadoediad hwnnw
rhwng düwch nos
a glas y dydd,
fe ddeuant drachefn,
reng ar ôl rheng
gan ddylifo o'r trenau
a gwasgaru i sarnu dy stryd.

A dyna pam
y byddi di yma fory,
a phob fory arall
am wn i,

yn troi llafn llwyd y palmant
cyn loywed â chledd,
i aros y cyrch nesaf.

DIM RIV
Cwch bleser ar ffurf llong hir Lychlynnaidd, sy'n cludo ymwelwyr ar deithiau o gwmpas harbwr Lerwick, Ynysoedd Shetland

Fel rhywbeth o fyd Disney
y llithrai drwy'r dŵr;

draig gerfiedig newydd-sbon
yn harddu'i blaen,
a saethau aur yr haul
yn taro'r enfys o dariannau
a'i haddurnai.

Ni welodd hon erioed
na 'sgarmes boeth
na moroedd berw,
ni chafodd hwylio adre'n ôl un waith
yn llwythog o drysorau,

dim ond teithio'n esmwyth
nôl a blaen
hyd bwll hwyaid yr harbwr
drwy'r dydd,

a rhoi i'w chriw annhebyg
yn eu crysau T
y wefr o fod yn Feicings
am bum munud.

Ond pan oedd teithiau'r dydd ar ben
a'r haul yn suddo,
fe'i gwelais yno'n wag,
yn hofran rhyngof fi a'r gorwel
yn fygythiol ddu.

Bryd hynny, gallwn daeru'n rhwydd
fod cloriau amser wedi agor.

ERGYDION

Uwch y llyn a'i fwrllwch llwyd,
pan nad oedd ond llepian dŵr
hyd y siâl, deuai sisialau
gwynt yn anadlu'i gân
drwy'r ynn yn y dyffryn; dod
â chwyn fel ochenaid
i hofran ar draws y dyfroedd.

Fel rasel drwy'r tawelwch,
un gŵr a lusgai gwch rhwyfo
o'i ôl hyd y grafel mân; mynd
adref i'w wâl o grwydr hela,
cysgod ymhlith cysgodion.

Ac wele, uwchben dirgelwch byd,
haul hwyr,
fel pen matsien yn marw
yno, tu cefn i'r mynydd;
fe dry'i oleuni ef ffenestr liw y nos
yn ffair o wydrau,
fel pe bai bom wedi ffrwydro . . .

Ni chlywir un fref ar lwybrau'r defaid,
troi adref i'w hendre'n haid
a wnaethant, ac weithian
dail yr hydre' sy'n cuddio'u troedleoedd
ar y llethrau llithrig,

mae anian gaea'n y gwynt.

Mentyll y gwyll sy'n amgáu
heno'r bythynnod a lŷn fel gleiniau
ar y bryniau brith,
eu ceudod yn dynodi
mai adar mudol
a nythant yno weithiau
erbyn hyn, ar anterth haf,
a bod y giwed wedi hedeg!

O'i antur, try'r pysgotwr yntau
yn ôl i sirioldeb ei bentre bach,
sy'n dywyniad o oleuadau,
a'u tanlli'n gloywi'r glyn.

Ond wrth ddyrchafu'i lygaid i hedd y llechweddau,
gwêl yr hafotai gwag yn hagr hyd at ddagrau ...

Gam wrth gam, heibio i giât
Tyddyn Du, - tŷ ddoe nad oedd
ond llestr estron hyll bellach.

Ni welai'i Fodryb Jên heno
wrth y wal,
yn curo mat yn ei brat bras,
a'i gwên fel gwawr;
hon o'i bodd a'i gwahoddai
i heulwen ei haelwyd,
y palas lle teyrnasai'r
Gymraeg rhwng cerrig y muriau hen
a dedwyddwch yn gymysg â'r llwch llechi.

Ond erbyn hyn, y nhw,
y Sorrells o bellafion Surrey
a ddilynai drywydd tywydd teg
am andros o hwyl yma dros wyliau
hir yr haf;
dod, o dir goludog y de
ar ras yn eu Subaru
i glwydo yn ei glydwch
a chreu "Rose-lynn" o Dyddyn Du.

Hetiau haul a sbloet o "wellies"
gwyrdd o ryw gylchgrawn garddio
a'u sglein fel sglefr.

Y rhain fu ar eu hunain
â'u brefu a'u brasgamu gwyllt,
yn gwahardd yr ardalwyr o'u gardd goeth,
eu troi o lwybr troed hŷn na hanes,
cynnau cannwyll cynnen
a'r un gair hyf: "Private".

Yna'n haid fin nos,
criw o hen beunod cras
oeddent, ar ucha'u lleisiau'n y "Llew",
yn rhwydd eu geiriau,
ac yn rhydd ag arian,
cŷn eu hacenion yn ergydio'n gas
drwy bwsh a dwndwr y bar;
yn ymffrostio a brolio'u bywyd bras
yn heldrin y ddinas,
gan ddirmygu'r segur di-swydd
a dyfai yn y dafarn
o ddydd i ddydd, a sbowtio'n ddoeth
am ddwylo blewog a diogi,
a'u brandio'n wehilion di-hwyl.

Ffein yng ngŵydd cynffonwyr,
ond hunlle i'r hogia' lleol
- yn megino'r mwg hwnnw
a godai yn nirgelion eu calonnau
o hen hen oes,
a'u tymer yn gwyniasu
yn aer eirias y bar bach.

Hen a wêl wrth noswylio
i ogor o dŷ cyngor – cafn
moch a fu ers oes a mwy
ar restr am ffenestri,
sofren oren yr hwyr
yn hofran fel sêl ar chwareli
dwbl y bwthyn du,
a'r gloywder fel procer yn ei serio,

yn foi heno â phenderfyniad
yn dychlamu'n llachar o'i ymysgaroedd.

•

A thrwy'r niwl ar drothwy'r nos
o hafnau oer y cyfnos
y rhodia fel sibrydion
dri â braw'n aradru'u bron.

A phob cam yn gam i gawr,
aros i wirio'u horiawr;
yna gweld eu hanadl gwyn
yn rhewi fel gorewyn.

Un yn dal eu pecyn du
ennyd, cyn mentro'i blannu;
drymiau eu calonnau caeth
a'u dwylo'n llawn tystiolaeth
y wefr noeth o wifrio'r nos,
a'r oriau hir o aros.

•

Yn Nhyddyn Du 'roedd 'na dân:
llam y fflamau eirias oren,
heulwen olau'n dawnsio, dawnsio,
naid tafodau hir yn euro
nen y nos.

Yn Nhyddyn Du 'roedd 'na dân:
ysbail crasboeth ysai'n greision,
trwst y trawstiau'n hisian, hisian,
rheg yn rhwygo hun yr hwyr.

Yn Nhyddyn Du 'roedd 'na dân:
llwch yn drwch a chawod wreichion
chwilfriw'n lliwio meini'r mynydd,
o graidd y gwres.

Yn Nhyddyn Du 'roedd 'na dân:
Penyberth o goelcerth goch
yn llathru'r llethrau,

a'r nos unig yn fyw o seirens heno.

•

Yfory, wedi'r llif oriau,
bydd penglog tyllog, tamp
yn staenio'r bore,
a thon o orfoledd a rhyfeddod
ar frys drwy'r fro;

ond er trydar y siarad,
yn eu pen fe ŵyr pawb
yn glir yng ngolau glas y dydd,
na newidiwyd dim gan chwa ddifäol
y noson o wyniasedd.

A thra bo coluddyn y murddun
yn dal i chwydu mwg,
yn eu gwâl bydd tri gwyliwr
a'u gwenau'n gynnes
o obaith, gan wybod
bod mafon surion mewn gardd yn Surrey,
am y mynnwyd am unwaith
dorri crib adar croch
y plas, a deifio'u plu,

ac, ar anterth y goelcerth gain
un eiliad olau,
i eryr Lleu roi llam o'r fflamau.

CYLCH MEINI BRODGAR, YNYSOEDD ERCH

Ai oriawr rhyw hen gawr gynt
Ar hyd y gweundir ydynt,
Ai cylch yn arwyddocau
A nodi tro'r planedau,
Neu i fesur llif oesoedd
Dyn a'i hynt, ai dyna oedd
Sidydd y gynnoes hudol,
Aerwy ddoe sy'n harddu'r ddôl?

Yn y gwyll, bidogau gwyn
A gwyd o'r caddug ydyn'
Yn noeth i drywanu'r nos
O hafnau oer y cyfnos,
Dod o niwl ein cynfyd ni
Yn iasol eu goroesi
Ar y ddôl ddiarffordd hon,
Herio wna'r cyllyll hirion.

Mae 'na hud i'r meini hyn
A hirnod yr haul arnyn'
Y llafn o aur sy'n llyfnhau
Â'i wres erwinder oesau,
A rhoi'i dân yn ddisglair do,
Rhoi'i wenau i fireinio'r
Hen gerrig eto'n goron
Ar y ddôl ddiarffordd hon.

TROBWYNT

Ganol haf, ac roedd yr haul
yn dawnsio llinell
yn y meysydd ŷd.

Ymledai'r wlad
fel gwasgod frodwaith gain
o'n blaenau,
ei haur, ei melyn a'i gwyrdd
yn ymdonni tua'r gorwel;

ac ambell lecyn browngoch
yma a thraw,
fel pe bai yno
ryw hen graith,
a honno, bellach, wedi ceulo.

Gwibiem ninnau
hyd fidog lwyd y draffordd
ar ein taith.

'Doedd dim, y bore hwnnw
i nodi ein bod ni'n
croesi meysydd cad;
dim ond efallai'r byrnau mawr
orweddai yn y caeau
fel cetris a daflwyd o wn,
ac ambell res o groesau
yn cuddio yn y coed.

Dim,
nes i ni yrru heibio
i arwydd brown
ac arno'r geiriau
"Marais de la Somme".

Ac yna gwyddem.
Gwyddem a chofiem
am yr angau a fu'n dawnsio yno
bedwar ugain mlwydd a mwy
yn ôl,
cyn gwawrio haul
ein diwrnod ni,
heddiw . . .

Dyddiau crasboeth canol haf
oedd y rheini hefyd,
yn ôl y sôn,
pan fu Taid ar flaen y gad
ym mlodau'i ddyddiau.

Yr hogyn deunaw oed
o fryniau Arfon
adawodd des y caeau gwair
am wres cynhaeaf arall
ar wastadeddau Ffrainc
a gwn, nid cryman,
yn ei law grynedig.

Fe ddaeth hi'n fedi cynnar
arno yntau'r flwyddyn honno;
nid lladd gwair
            ond lladd gwŷr
a droes goedwig ddu
yn ffrwydrad o ffrwythau,
yn dalpiau o gnawd meddal
mor niferus â dail yr hydref
o dan draed.
Aeth hyd yn oed 'sgerbydau'r coed
yn wyn gan ddychryn.

Y wyrth oedd iddo yntau
ddychwel adre'n fyw
o uffern goch yr offrwm!

Adre,
nid i swagro ac ymfalchïo
yn ei gamp,
ond i sibrwd deuair oer ei wae,
"Mametz Wood . . ."

Dacw hi, heddiw'n
ymledu o'n blaenau
yn ddeiliog ddistaw;

y goedwig lle na fentra'r un brodor
i gysgod ei changhennau,
lle mae hyd yn oed yr haul
yn dal i ofni treiddio.

BWYSTFIL

Yno, yn y cysgodion
y mae hwn yn pesgi,
ar ŵyn ein hofnau ni.

Nid yn eangderau Penllyn
na Cheredigion chwaith,
ond yn crwydro'n rhydd
yn erwau di-ben-draw
ein dychymyg dyfnaf ni.

"Welais ti o?"
"Mi glywais amdano!"
"Mi welais ei ôl!"

Yno,
lle mae ias mewn distawrwydd,
a gwae
yng nghyffyrddiad y gwynt,
y mae traed
yn cripian drwy'r tywyllwch;

Twrch Trwyth ein dyddiau ni
A'r helfa ar gychwyn!

Y CASTELL

Nid yw'n awr ond patrwm gwasgaredig
O furiau moel yn staen ar ochrau'r bryn,
Troes ei dyrau yn bentyrrau cerrig
A thrwch o fwsog drostynt erbyn hyn.
Seinia'r gwynt ei fonllef rhwng y muriau,
Gan yrru ias ei saethau drwy bob craig,
'Sgubo'n wyllt dros esgyrn adeiladau,
A'u cnoi â dannedd megis dannedd draig.
Saif y castell fel hen filwr bellach,
A deimlodd frath ymosodiadau lu,
Heddiw'n herio gelyn seithwaith cryfach
Na'r un fu yma'n brwydro, oesau fu;
Yn herio, ond yn gwegian ar ei draed,
A'r tir odano'n goch gan flodau gwaed.

YMSON JOGAR

Gofynneb y bore bach:
A ddaw'r egni'n ddirwgnach
I oelio'r hen gymalau
A'i broc yn yr esgyrn brau,
I herio pob cyhyryn
I godi hwyl gyda hyn!

A llenni'r byd i gyd ar gau,
Rasiaf i lawr y grisiau
Yn y cap pig-deryn ciwt
A hen racsyn o dracsiwt,
I duthian (ac ystwytho?)
Yn frwd hyd gefnffyrdd y fro.

Cha' i ddim ond joch o ddŵr
I'w lyncu, a mi'n lonciwr.
Iechyd, rwy'n wan cyn cychwyn,
A d'yw dim yn sadio dyn
Â chnafon o gywion gog
Yn damio yn ei stumog!

'Does ond griddfan amdani
A nacáu fy mawrwanc i!

Gweledig uwch brig y bryn
Y mae haul fel ŵy melyn
Mewn ffurfafen hufen iâ
Yn berwi gydol bora',
A'r Hengoed a'u dail cringoch
Yn y cwm fel bacwn coch.

Euro gallt o fara gwyn
Wna mynydd o ymenyn;
Hyd bob cae yn awr mae mêl
I'w daear acw'n diwel,
Onid yw'r ffald ar y ffin
A'i muriau o jam eirin?

Pistyll fel stripiau pasta,
O Dduw, mae'n ogleuo'n dda!

Er pob ing, dal i ddringo
A wnaf, anwybyddu'r cno,
A 'nhraed yn clepian Hwrê
O weled pen y tyle.

Yna i lawr yn gawr i gyd,
Nofio mewn balchder hefyd,
A 'mherfedd fel clai meddal
Cyn llewygu'n sypyn sâl
Ar y lawnt ar gwr y lôn
A hoel yn gwanu 'nghalon.

Ond pren ysig sy'n sigo,
Hwylio i drin yr ail dro
A fynnaf, yn fwy heini,
A sêl yn fy nghoesau i.

A hap mai llithriad fel hyn
Ry' ysgog im oresgyn
Anhawster – Linford Christie
Sy'n dod i fod ynof fi!

MIN NOS YN JARLSHOF
*Olion pentref Llychlynnaidd ar arfordir deheuol
Ynysoedd Shetland*

Adain nos a daena'i hud
Yn wychliw, oriau'r machlud,
Nofio'r dŵr, a'r nef ar dân,
Ei gwrid eurog ar darian
Leinw'r hwyr, darlunnir hi
Yn olau yn yr heli.

Y lloer arian ei llurig
Ar y môr yn chwarae mig,
A daw clau wylanod clêr
I ubain uwch yr aber,
Seiniau gwib drwy'r nos yn gwau
Cytûn â chainc y tonnau.

I wyll Hydref fel lledrith
O gynnar oes, esgyn rhith:
Wele gaer y chwedlau gynt
Heno'n llamu ohonynt
A ffanffer o faneri
Yn rhwysg ar ei muriau hi.

A diarwybod, drwy we'r cysgodion
Yn un lleng araf, daw'r llongau hirion
Ac aur eu dreigiau i rodio'r eigion;
Hon ydyw awr dychwelyd y dewrion
O wres cad at gariadon – a'u miri,
Mae'r beirdd yn llonni, mae'r byrddau'n llawnion!

Dod i'r hafan yn ddiwyd eu rhwyfo,
A'r lleisiau cras sydd mor llaes eu croeso,
I hudo'u harwyr i'r lan i dario
Yn fawr eu hoen, ac yn ferw yno;
Af yn nhrydan y glanio – ar fy hynt
I'w neuadd atynt i wledda eto.

Unwaith, agorais ennyd – hen adwy,
   Ac oedais rhwng deufyd
   A rhwyfo amser hefyd
   Yn y bae ar erchwyn byd.

TRE'R CEIRI

Dim ond patrwm o furiau ystyfnig
yn glynu wrth y tir
sy'n weddill heddiw
o gadernid caer
fu'n ferw o gyffro cyhyd.

Gosododd llewod amser
eu dannedd yn ei chnawd,
a'i gadael
yn friwgig gwasgaredig
ar y bryn.

Aeth gwefr ei thanau'n lludw.

Ond weithiau, fin nos,
pan fo'r machlud
yn fil o ffaglau coch
uwch llethrau'r Eifl,

clywaf eto
leisiau'i thyrfa'n atsain,
a gwn
fod nwyf ein hynafiaid ni
yno,

ym mynwent wag ei meini.

ADFAIL

Darlun

Ar gerdded yr oedd Medi – dyddiau hir
 Diwedd haf yn oeri,
 Yr heulwen oedd ar welwi
 Yn awr – er nas gwyddem ni.

O hirbell, gloywai'r harbwr,
Yr oedd dawns yng ngwyrdd y dŵr
Yno'n dal goleuni dydd
Yn dafluniad aflonydd
Ar orchest o ffenestri,
A'r llun yn meddiannu'r lli,

Y gaer o lwydd ger y lan
A'i hirwych dyrau arian
Yn estyn fel fforestydd
Yn dal i groesawu'r dydd,
A phrysurdeb wynebau
O gylch fel morgrug yn gwau.

Er i'r haul dyneru'r hin
A rhodio'i lwybr cyffredin,
Awyr las afreal oedd,
Eden o heulwen ydoedd;
Ar loywaf y ffurfafen,
Yr oedd pry' yng nghraidd y pren.

Ar Adain

Yn dod ar alwad yr oedd eisoes sgwadron
A'u gwibio tawel fel gwybed duon,
Gwŷr a hwyliai ar genhadaeth greulon
A yrrai bobol yn rhacs gyrbibion,
 Er gweled yr argoelion – anochel
 O eirch ar orwel, a charcharorion.

Y ddwy ergyd a daniwyd yn ddirgel
I hawlio entrych y tyrau uchel,
Awyrennau ar annel – fel gwreichion
 Ar eu hunion yn tasgu o'r anwel.

Yn ddiarhebol o ddiarwybod,
Hir a deifiol ydoedd awr eu dyfod,
Dwy wiber ar ddisberod, – golygfa
A hoeliai'r dyrfa i wylio'r darfod.

Y Dewin

Haeraf mai rhyw gonsuriwr
A fu yno'n taro'r tŵr;
Ei ddawn ef fel Myrddin oedd,
A'i hudlath dros genhedloedd.

Ei gamp ar lwyfan yn gwau,
Arwydd y swynwr gorau'n
Gafael mewn dinas gyfan
A dawns ryfeddol ei dân.

Y sioe ar gynfas eang
Ynys oedd o dan ei sang,
A thynfa i'r tyrfaoedd
Y gweld cynhyrfus ar goedd.

Heriodd y tyrau arian,
A'i fwg yn gorchuddio'r fan
Honno dan ei glogyn du
Un ennyd, cyn diflannu
I'r llawr yn rhaeadrau llwyd –
A dynion a syfrdanwyd!

Un ydoedd ail i Wydion,
Un â llaw i'n gwneud yn llon;
Ond geiriau hud y gŵr hwn
Aned yng ngenau Annwn.

Ynddo fo roedd grym y fall,
Duwch tu hwnt i'n deall
Yn ei gyfrin wallgofrwydd,
Yn llawn gorfoledd a llwydd;

Angerdd consuriwr angau
Yn ein hofn yn llawenhau.

Yr eiliad olaf

"Marw i fyw mae'r haf o hyd"
yn ôl y bardd, - ond byd o harddwch
diniwed a newydd ei wenau oedd hwnnw,
nid yr hyll benbaladr hwn
a wyddom heddiw.

Canys ar allor y bore
offrymwyd cynhaeaf yr haf hir
yn ffrithiant o ffrwythau
uwch heldrin y ddinas
un awr, a daeth ffenomenon arall
i fod,
    sef marw'n fyw.

Meirw byw ym merw'u bedd,
ac ar donfeddi
ffôn, a gloywder ffilm
drosodd a throsodd a thro.

Yr eiliad oer olaf
yn wefr ar wifrau,
yn boeth ar sgriniau'r byd,
a chyfres o negesau
yn boenus o gyhoeddus ar eu hynt
o awyren at gariad,
o ddŵr at dad,
ac arlliw'r diwedd
yn iasol grygu'r lleisiau . . .

    "Wn i ddim a wna' i ddod
    yn f'ôl yn fyw
    o hyn, ond cofia o hyd
    mai ti fu 'mywyd, mai . . ."

    ". . . ar ras i lawr y grisiau,
    ond mae 'na fwg, mwg mawr,
    a neb yn gw'bod
    yn iawn be' i 'neud . . ."

Yna dim, dim ond ing
yn hongian, wedi i siswrn angau
hollti pob cysylltiad;

eu geiriau a'u brawddegau a ddygwyd
i afael ebargofiant
ar eu hunion ac ar eu hanner . . .

Meirw byw ym merw'u bedd,
drosodd a throsodd a thro.

Tir Sero

Cewri dur a faluriwyd,
Yn eu lle mae esgyrn llwyd
Y ddau frawd a ddifrodwyd.

Y mae ager y mygu
Yno'n dal yn rhuban du
Ar elor pob yfory.

Huda'r trofeydd fel trydan,
Hyd ddaear, o bedwar ban
I waetir briw Manhattan.

Rhai i'r llain i chwilio'r llwch
Ym mhoethwal yr anialwch,
I wylo mewn tawelwch.

Eraill â chwiw i'w harwain
A'u bryd ar hofran fel brain
I wylio am y celain.

I rai, y mae rhodio'n rhaid
I holi am anwyliaid
A byw i'r cloddio di-baid

Hyd uffern y tir diffaith –
Er ffydd, nid oes gwadu'r ffaith
Na welir mo'nynt eilwaith.

Ias oer sy' yn Nhir Sero –
Ofer, ofer y rhofio,
Nid oes cyrff ond is y co'.

A fo ben . . .

Yn oes aur y deinosoriaid
nid oedd neb
i herio mawredd
brenhinoedd gwaedflysig y goedwig werdd;
eiddynt holl lwybrau'r perfeddion
a'r deyrnas Jwrasig
i gyd.
Canys gwae'r
di-nod eu nerth
pan oedd yr anferth rai
yn sawru gwaed yn su'r gwynt,
yr alwad anochel i hela.

Dau gawr diguro
yn herio rhwysg ei gilydd drwy'r prysgoed,
a daear gron yn dirgrynu.

Yna gwawr yn ffrwydro'n goch,
a'r briwgig gwasgaredig
a rydai ar redyn
yn dyst i gyflafan y dydd.

Pan ddeuai bloedd iasol y fuddugoliaeth
i udo drwy'r goedwig,
nid ebychai'r ymlusgiaid bychain
yn nwfn eu cuddfan hwy,
am mai awr y mawrion
ydoedd hon i'w diwedd hi,
a bod y bach
yn aros tro'r amserau.

Yn eu gwâl, o'r golwg
rhag tramp anhrugarog y traed
oedd biau ddiwedd bywyd
yn oes aur y deinosoriaid,

yr oes anwar, gynnar, gynt?

YNYS IONA

Eisoes, teimlem wrth groesi
Yr hud a'i goreurai hi,
Arall dir, fel emrallt oedd,
Rhyw ias tu hwnt i'r oesoedd
A'n denodd i gyd yno
O fyd brys i wynfyd bro
 hedd yn goron iddi,
O Annwn ein heddiw ni.

Cyrraedd dros lesni'r cerrynt
A gweld fel Columba gynt
Yr ynys o gyfrinion,
Erw Duw ym merw'r don.

Â'i awch hynod y bu'r mynach unig
Yno'n cynllunio o'i gell bellennig
I droi gerwinder ei drig – yn irlas,
A rhoddi urddas i'w glas eglwysig.

Ger y lli, cysegru llain
O aur i'w eglwys gywrain,
A saif cadeirlan ei sêl
Yn gawraidd, lond y gorwel.

O wyll ei oes deuai murmur lleisiau,
Yn sŵn y lli clywn atsain gweddïau,
Doi siant o fyd y seintiau – a'i heco
I uno yno â chân y tonnau.

Cynefin pererinion
Yw o hyd yr ynys hon,
Ôl eu troed ar ymyl traeth
A ninnau'n eu holyniaeth;

Eu hanes yn y meini
Yno'n gylch o'n hamgylch ni.

AR Y FFIN

Yn heth y pegwn eithaf – ar riniog
Yr anial, fe'i gwelaf,
Aelwyd yr erchwyn olaf
Yn dyheu am ddyfod haf

Am godi'r llen, am wenau'r – *aurora*
Ar orwel yn olau,
Awyr binc yn britho'r bau
 llewyrch hud ei lliwiau.

Hendref ddi-ildio'r twndra – yn nudew'r
Gwastadedd o wyndra
Dan binaclau Alpau'r iâ,
Eryri'r gloywder eira.

Y fan lle ers oesau fil – olyniaeth
Fu'n glynu i'w hencil,
Yno'n wres mae hanes hil
A gân am einioes gynnil.

Yn gyfoethog o fythau – am hirlwm
A morloi'r cyndeidiau,
Am oerfel ac am arfau,
Gwanu cig a'r gaea'n cau.

I hil a'i threftadaeth hi
Yn iasau o oroesi,
Yn annel dydd o hela,
Yn ddwfn mewn mynyddoedd iâ,
Aeth yn un â'i thirlun hi'i
Hynodrwydd a'i gwrhydri.

Yno â'i hystryw daeth alaw estron
A'i sain yn diwel hwnt i'r gorwelion,
Nodau yfory'n gwasgar diferion
Gan arllwys dafnau drwy'r oriau hirion,
Y gân am fryniau gwynion – difodiad
Yn her ei galwad o fro'r dirgelion

A'r bît, fel drymiwr o bell
Yn rhoi argoel i'r oergell . . .

•

Mae awr yr hirymaros
Heno'n wyrth yn safn i nos;
Awr y cymun ers cyn co'
I'r Inuit, mae'n wawr heno.

Ar y ffin mae cyffro ffair
A newid yn cyniwair –
Hon yw'r awr, mae'r dyrfa'n drwch,
Yn gôr o ddisgwylgarwch
Â nwyfiant eu hynafiaid
Wedi byw drwy'r du di-baid,
Gwylied fry er gweld y frân
O wyll yn hedeg allan
Ar gylched anweledig
A phêl y wawr yn ei phig.

Daw y perl o waelod bedd
I'w hoedfa, fesul modfedd,
Llifo'n frwd fel ffrwd ddi-ffrwyn
I gynnau fflam y gwanwyn;
Awr i lu 'mhob cwr o'r wlad
Wylio fel pe'n addoliad.

Dod i ganfod gogoniant eu gwynfa,
Y glau arian hyd y fro ddisgleiria
Ar emwaith ei phanorama – a gwên
Y wawr oren yn caboli'r eira.

•

Bore – a'r slediau'n barod
I'r hen daith, a chriw yn dod
I randir pererindod

O ffeuau'u cabanau bach
Ar eu hynt yn gyffro iach,
Rhuthro gan gario'u geriach.

Iâ'r weilgi'n fôr o helgwn,
Nid oes twrf fel cynnwrf cŵn,
Dawnus fytheiad Annwn.

Mae arial ateb galwad
I yrru ar sglefr ar draws gwlad
Yn dân yn yr aduniad.

I uno ar wŷs helwyr yr oesau,
Antur i berfedd yr unigeddau
A herio elfennau'r rhewlif anial –
Her i oroesi'n y gaer o risial.

Gwaedd, a rhuthr gwyllt,
Gyrru gorwyllt!
Acw – traciau
O'u gwâl yn gwau . . .

Ar y gorwel, fel pelen
O wyrth hardd y daw arth wen,
S'nwyra hon is haen yr iâ
A gwêl gysgod ei gwala;
Gwylio dim ond gwylio dŵr,
Hyrddio ar wanc i'r merddwr
Â'i gwaedd ddolefus am gig,
Neidio i'w rwygo'n friwgig . . .

Hela! Gwylio
Draw, aros dro,
Nesáu mor sýn
A naid sydyn!

I wasgar y pac hysgwn,
Wedi gwib ac ergyd gwn,
Colofnau o goesau gwan
Yn nogio ac yn gwegian
A gwaed ar y tywod gwyn,
Yna'r oedi hir wedyn.

•

I Innuk, eu harweinydd
A'r bechgyn ar derfyn dydd,
Yno'n dwr 'gylch cnap o dân
A'u hysbail lond y sosban,
Awr i ail-fyw'r hela a fu
A hoen yn eu cloriannu:

"Cofio dydd rôl dydd yn dod
Yn foliog o forfilod,
A'u hela hwy gydol haf
Hyd ael y machlud olaf;
Oriau pêr llymhau harpŵn,
Hurtio wrth weld ein ffortiwn
Ger y lan yn corganu
Yn y dwfn fel clychau du".

Hynny, pan oedd olyniaeth
O lanciau yn ffrydiau ffraeth
A'u bryd ar ddyfalbarhau
Â hyder eu cyndeidiau
Hyd rigolau llwybrau'r llwyth,
Teulu yn dilyn tylwyth –
Arwyr slic yn feistri sled
A helwyr sgilgar, caled.

Cyn i hel cig gynhaliai'u co' – oesol
  Ddiflasu a chilio,
  A haul lyfnhau eu dwylo

Draw ar orwel yr heli – ar y tir
  Lle ceir tarth uwch rhewli'
  A dŵr yn adrodd stori.

•

Yno, wrth orchwyl unig
Ei thras, a ger trothwy'i thrig,
Mae un o hyd yn mynnu
Herio dant yr oriau du,
Yn ei chrefft, wrth asio'i chrwyn,
Cydio ei doe fel cadwyn.

Hi, fam y llwyth yn pwytho – â'i nodwydd
  Ddyfodol ei henfro
  Â hyder cudd edau'r co'
  A brwydyr yn ei brodio.

Cofio ei phentref cyfan
O'r rhai mawr hyd y rhai mân
Âi drwy'r haf i rodio'r iâ,
Creu gŵyl o hwyl a hela.

Wedi hirlwm, rhwyd orlawn,
Yna llwyth o slediau llawn,
Pob tryfer yn diferu
Ar ôl dal y morloi du!

Hon, yr aeth ei thŷ o raid
Yn westy i dwristiaid
A ŵyr na wêl ei hwyrion
Yno'n griw drwy'r flwyddyn gron,
Mai parhau ar draciau'r dref
A edrydd na ddônt adref;
Wedi mynd y mae'r hud mwy
Ar rod anadferadwy.

Aiff hithau ymlaen â'i phwytho – a hoen
   Ei holl enaid ynddo
Dros encil hil; di-ildio
Ydyw'r caeth ym mrwydrau'r co'.

Er y gŵyr her y geiriau – a ddywed
   Am ddiwedd ei dyddiau
Yn y byd, a sigl y bae
Yn yngan cytgan angau.

Am linach yn crebachu
Yn y dwfn ar y naill du,
Ac anesmwythder gwerin
A ŵyr ei ffawd ar y ffin.

Fel caiac yn llawn o graciau – neu rafft
   Yn drifftio heb rwyfau
I wyll hir yn ymbellhau –
Diwedd yn nwylo'r Duwiau.

Yno, lle mae'r clogwyni
Yn y llwyd o boptu'r lli,
Eu balch gopaon calchen
Drwy'r niwl yn erydu'r nen,
Isod yn chwalu'n friwsion
Ym mwrllwch duwch y don.

O haen i haen yn gwanhau
Hyd oror tlawd o eiriau

Yn nannedd cnöwr anwel,
Ac ar fynd yn hagr, fel
Iaith yn dadlaith, daw adlais
Ei huno trist yn y trais.

Y llethrau praff fesul paragraffau
Yn rhwydd eu hagor fel cyrff brawddegau,
Ac ias eu llifo megis sillafau
Yn nyddiau garw celanedd geiriau;
Suddo hir ansoddeiriau'n – gymynrodd
Y marw tanodd ym merw'r tonnau.

Yn y llifeiriant lle syrth llafariaid
Y tewir sain y mur o gytseiniaid,
A chaeau hen a channaid – lle bu rhew
Yn erw ddudew lle tyr arddodiaid.

Ni welaf ond anialwch – yma'n awr
   Mae niwl difaterwch
Heno'n cau, ac yntau'r cwch
Yn hwylio i dawelwch.

Nid heibio yr â'r dibyn – oni ddaw'r
   Rhai a ddeil y tennyn
Drwy byrth gwaed yr aberth gwyn
I warchod ar yr erchwyn

A rhoi braich dan drymder bro,
I'r Inuit, mae'n hwyr heno!

CAER GORS, RHOSGADFAN

Wele, yng ngheudod calon – un aelwyd
A chwalwyd yn deilchion
Effaith y "traed mewn cyffion"
A fu ar hyd y fro hon.

CAER RUFEINIG SEGONTIUM, CAERNARFON

Lle bu'r Eryrod yn rhodio – y gaer
Wasgarog, afrosgo
Hon a saif, fel rhyw jig-so
I adrodd stori'r brwydro.

OGOFÂU DAN-YR-OGOF, CWM TAWE

Lli iasoer o wyll oesau – ddoe ar hap
A ddripiodd drwy greigiau
Amser, a'r gofer fu'n gwau
Â'i law wen, y cerfluniau.

ABATY LLANDUDOCH, ABERTEIFI

Na, nid muriau ond mawredd – a welaf,
Nid olion ond gloywedd,
Fe erys hen gyfaredd
Y fan hon yn nwfn ei hedd.

GEIRIADUR

Hen gostrel wrth benelin – i oelio
　　Cymalau anhydrin
　　Ein hiaith; cawn ddafnau o win
　　Yno'n gryno o'r grawnwin.

GERDDI CROG BABILON

Bu casgêd o fasgedi – yn llathraidd
　　Hyd y llethrau'n tonni,
　　Ar derasau, lliwiau'n lli,
　　Eigion o flodau'n crogi.

CWCH GWENYN

Yn y tŵr mae clwstwr clyd – o weision
　　Sy'n brysur bob munud;
　　A welwyd criw mor ddiwyd?
　　Ôl eu gwaith sy'n fêl i gyd.

DOLFFIN BAE DINGLE

Yr oedd ergydion di-ri
Yn curo bryniau Kerry
Awyr blwm a yrrai bla
O arfau dros y borfa.

O'r goror, 'sgubai corwynt
A'i ruo hallt ar ei hynt
Yn dod fel rhyfelwr dig
Ar hyd y môr berwedig;
Gyrru'i danc i rwygo'r dŵr
Yn agennau o gynnwr'.

Ac fel pysgod, cysgodi
O ofn ei nerth fynnen ni,
Yn ein hafan o dan do,
Aros i'r terfysg glirio;
I olau'r haul ddychwelyd
Ar y bae, i loywi'r byd.

Yna â'i naid, gweld blaenllym dorpido
Ynghanol y frwydr drwy'r dŵr yn ffrwydro,
Hofran, a'r dafnau'n pefrio – ar gryman
Gloyw arian uwch y bae'n disgleirio.

Taflegryn hŷn na hanes,
Un â ffrwd o eira ffres
O'i gynffon yn gwreichioni,
Dygyfor a lluwchio'r lli'n
Wyn o'i ôl wrth anelu
Ei loywder o'r dyfnder du.

O'i gylch, y gyrwynt yn gwau,
Ar antur yr âi yntau'n
Hir a llyfn fel paladr llwyd
I ferw'r storm a fwriwyd,
Yn y môr yn chwarae mig,
Ar ei hyd yn aredig!

Ac yn nannedd y ddrycin ddiflino,
A ninnau'n syn at ei ddawn i'n swyno,
Mynnodd ei siawns i ddawnsio'n – osgeiddig;
Ei sioe unig oedd yn wynias yno.

Yn nofiwr tyner a ddofai'r tonnau,
Y dolffin cyfrin a'n hudodd ninnau,
Gwelem lygedyn golau – a daeth gwên
Gem o heulwen tu hwnt i gymylau.

GORWELION

Y mae eco dwy alaw yn Mhiccadilly,
tramp traed y dorf
yn gerddorfa fyw ar fynd,
a'i dawns yn llifo'n dân
drwy wythiennau'r stryd;
cyrn y tacsis a'r ceir
yn galw ar ei gilydd
drwy fflachio neon y nos,
a'u haria'n cylchdroi am Eros.

Ond, dan y pasiant ar balmant byd,
o anialwch y corneli
cudd, cwyd
alaw ddigyfeiliant
un gŵr a'i organ geg
i hofran fel anadl einioes
rhwng hysbysebion Pepsi a Fuji Film
a moelni eithaf y pafin . . .

Heno, yn nannedd Ionawr
ac yng nghysgod gloywder y Trocadero,
mae iddo yno yn heldrin y ddinas
fan o neb ond y fo,
un darn o balmant â'i nod arno
dan lafn llygedyn o loer.

Yn hwyr ar y naw y daw i gyweirio'i nyth,
gan dynnu pob cerpyn yn dynn amdano,
a thaenu'i garthen denau
i glwydo ar galedwch
llain ddi-gar'bord y llawr.

Drachtio eto hyd ddwfn ei botel
seidr sur
ei unig arf rhag oerfel
crwydrol, cynyddol y nos
a'i hualau,
      ac yna rowlio
yn bêl megis embryo bach
byw ar drothwy'r banc.
Aros yng nghysgod y ffasâd Sioraidd

fel amlen ddiangen ddoe . . .
Yn y cof, er y llygaid cau
mae lein ar lein o ddarluniau:

Cofio gwylio'r gwaelu,
ac oglau salwch yn meddiannu'r gegin;
yntau yn anwybodaeth ddall ei bum mlwydd ddi-allu
yn dallt dim.
Cofio'r cyfog
gwag a'r gwaed
a'i sawr yn y sinc –
tŷ a chysgod dagr
angau yn ei flingo.

Eco hir arch yn cau,
ei gur yn drech na geiriau,
a'i wylo unig wrth weld diflannu'i
fyd a'i ddyfodol
tan glo mewn twyn o glai.

Lôn at hundy'i blentyndod
oedd y lôn honno
i'r fynwent ar lannau'r Fenai
ar fore o farrug
un oes ddiflanedig yn ôl . . .

Nythu'i gŵyn mewn gwely benthyg oer
a geiriau garw'i
gyfoedion mileinig yn pigo.
Nid oedd neb
i gynnal ei galon
yn eigion yr unigedd
hir hwn,
ond cysur anochel gwaelod poteli
a'r sêr a welai drwy fwg persawrus
bob hyn a hyn gyda'r hwyr.
Delio â byd di-olau
y tu mewn i sgwat ei ymennydd
â gwewyr y cyffur cudd.

Gaeaf, a hithau'n gafael:
fo a'i fêt
yn rhannu hanner byrger o'r bin

a'r llwydrew arni'n drewi,
swp o hen *chips* oer
a siâr o botel sieri.
Llechu ar lawr llychlyd eu lloches
mewn garej wag, a'r nos yn agor
              adwy breuddwydion ...

Cofio ystrydeb llethrau glas ei febyd
dan drwch y llwch llechi,
a'r rhwd hyd gadwynau'r strydoedd
wedi dod segurdod y malltod maith;
adlais cicio sodlau,
y cof am bopeth yn cau,
udo'r gwynt drwy wydrau gwag
tref lle'r oedd yntau hefyd
yn sgint fel ei fêts i gyd.

Yr haul ar ei orwelion yn denu
a dinas breuddwydion
megis gwawr i lawr y lôn
yn olau i'r ymylon.

Ei bywyd yn ei hudo a'i gymell
i gamu a mentro,
i godi pac cyn cracio,
newid gwâl cyn mynd o'i go'.

Eisiau haf y ddinas hon
yn boeth o ffug-obeithion,
a chael ei hun, derfyn dydd
yn oer yn ei chwterydd ...

Y mae iasau deffro'r bore
yn rhodio drwy'r strydoedd,
gan 'sgubo'n gyffro i gyd
i alw deiliach Piccadilly
y Strand a Regent Street
o leithder eu cwterydd.

Daw yntau fel blagur
              o afael ei blygion
ar alwad yr heulwen,
a chynnwrf dadebru ei gyd-letywyr
o nythod neithiwr.

Tyrru fel helgwn i sgwâr Trafalgar:
y mae hafan yn fan'no
a dôr agored
i strabs y stryd.

Un ac un yn troi'n giw,
ac agor drws y gegin
fel agor blwch trysorau
i'r llanciau llwyd.
Torri gair yn torri'r garw,
a hud gwên garedig
ac oglau bwyd yn goglais
adwaith o enau'r lleiaf siaradus
dros ddyrned o baned boeth.

I un sy'n byw fel ynys,
y mae gair ac y mae gwên
yn estyn llaw dros ddyfroedd tawel
dwfn y dydd,

i gyffwrdd enaid dros fwg o goffi
a darn o dost.

•

Nos o aeaf ar lannau Tafwys
a lluniau'r ddinas yn ei llenwi.

Is Pont y Tŵr mae'r dŵr ar dân,
os diffodd wna lampau San Steffan
o dan winc y London Eye
uwch sigl araf yr afon.

Er i ddwrn nos bardduo'r nen,
daw lloer fel padell arian
i arllwys ei swyn ar y lliaws sydd
yn dawnsio heno yn Soho'r sêr
a stomp y West End.

A'r golau llachar ond tafliad carreg
i ffwrdd, a holl firi'r ffair,
yn nhir neb am hanner nos,
agor wna dorau byd arall;

y ddinas ddienw
o olwg y golau
rhwng pyllau dŵr a sbwriel,
lle i haid y gwyll i hel.

O un i un, dônt yn nes
i gynnau tân, dechrau canu,
pigo sgrwtsh o lanast bagiau plastig,
yfed rhag gorfod cofio.

Ac i hofran uwch yr anial
daw alaw ddigyfeiliant
gŵr yr organ geg
yn taro'r *blues* o'r pentyrrau blêr,
a'r seiniau'n diflannu i'r duwch.

Yna, ym mwg y orau mân,
hawdd yw rhannu nodwyddau
a drws o'r dryswch
i nirfana'r nerfau heno'n denu,
a byd hyfryd anghofrwydd
yn agor ar bigiad
unwaith yn ormod;
                  a phan goda'r
haul, ni fydd meirioli
ar yr hogyn barugog
a'i freichiau'n rhidyllau du,
dim ond mynwent ymysg palmentydd.

A daw rhyw drempyn arall heibio
                        i gicio'r organ geg
a dwyn ei gôt o waelodion y gwter.

PAHAM?

Tybed a'i Brenhinoedd Doeth yn unig
Sylwodd fod seren newydd yn y nen,
Oni welodd pawb y fflam arbennig
Ddaeth i oleuo'r awyr uwch eu pen?
Ac yn nüwch nos uwch maes y defaid,
Os oedd seiniau'r engyl fry mor dlws,
Sut mai dim ond clwstwr o fugeiliaid
A'u clywodd, ac a ruthrodd tua drws
Y stabl lle y llechai teulu bychan
Rhag oerni'r hwyr, sut nad aeth tyrfa wych
I blygu glin a dathlu geni'r baban
Orweddai yn y preseb gyda'r ych?
Pan oedd canhwyllau'r ŵyl yn llenwi'r nef,
Paham mai dim ond dyrnaid aeth i'w gyfarch Ef?

CREITHIAU

Un ar orwel a welaf
Ar ei hynt hyd draethau'r haf–
Yn ei llaw mae sŵn y lli
Ac ewyn gwyn ei geni
Drwy dryblith yn ymrithio,
Y môr cudd yn maeau'r co',
A'i donnau'n dal, dal bob dydd
I wanu ei hymennydd.

Mae'n crwydro'i hunan hyd odre'r llanw,
Ail-fyw ei hanes yn y dylif hwnnw,
Ddoe ei chwarae cyn dod dyfroedd chwerw
Nac arwydd tywydd garw – i'w hynys,
Na geiriau dyrys, na gwawr o dwrw'...

"Yn hwyrnos methu dirnad – ni welwn
 Ond olion y ffrwydrad,
 Troes clegar yr ysgariad
 Faes o gur yn faes y gad.

Yn ias y codi lleisiau – o'wn unig
 Yn nannedd y brwydrau,
 Yn oer ac yn ddi-eiriau,
 A chyllyll y gwyll yn gwau.

Am mai mynd wnaeth sicrwydd fy mod – a'r wên
 Ar wyneb plentyndod,
 Fy nghaer i, a'r dyli'n dod
 Wywodd fel castell tywod...

Dŵr hallt fu'r gwrthdaro hwn
A hyn oll nas deallwn,
Un dydd, yr oedd gen i dad,
Yna daeth braw'r gwahaniad.
Pam hwylio 'mhell, bell o'm byd,
Nofio o 'ngolwg hefyd
Drwy'r niwl, mynd i ryw dir neb
Yn ddi-enw, ddi-wyneb;
Hedeg heb un goleudy
Yn dân uwch y creigiau du?

Ond ynof roedd 'na ofod
Yn dal i obeithio dod
Ei leuad ef i loywi dŵr
Hirbell a dwfn fy harbwr
Un awr, â'i lwybr arian
O'r goror i liwio'r lan.

•

Unwaith, roedd gen i ffynnon
A dŵr hud yn nyfnder hon,
Un a wnâi bob dim yn iawn
A'i harlwy'n fythol orlawn,
Yn hylif adfer teulu,
Yn falm i bob peth a fu.

Ohoni doi cwmnïaeth
Yn ffrwd o frawddegau ffraeth,
A cheiniogwerth o chwerthin
I roi blas, nid geiriau blin.

Ennyd yng nghôl rhieni
A gawn drwy 'nychymyg i,
Eiliad cyn dod realaeth
A gwawr a'm cadwai i'n gaeth
I ddadrith dydd o chwithdod,
Oni bai y gwyddwn bod
Ffynnon yn fy nghalon i'n
Cuddio, i ddianc iddi,
Y dŵr hud o ddyfnder hon
Yn boeth o ffug obeithion.

•

Weithiau, dyheu am lythyr,
Pwtyn bach o nodyn byr
I ddangos 'fod o'n closio,
Yn cau gagendor y co',
Ar oror, deor rhwng dau
Wnâi gwawr ychydig eiriau.

Yna'n syn, meddyliais i,
Onid afraid, mewn difri'
Ydoedd mynnu breuddwydio
Am anwes ei hanes o,
Na'i gerdyn imi'n gardod
Na dal i obeithio dod
Imi haid o gerrig mân
Ei eiriau, nid ei arian!

Yr awr bu iddi wawrio – yn wynias
   Ni fynnaf ei gofio,
  Nad oeddwn ddim byd iddo,
  Enw gynt a aeth dros go'.

•

Yn y dwfn mae pyllau du
A'u hiasau sy'n parlysu,
Annwn oer lle'r suddwn i
Yno mae dagrau'n cronni,
Yn oriau'r nos ni ŵyr neb
Y rhynnu dan yr wyneb.

Gwaelod lle na thraidd golau,
Y gwyll a siarcod yn gwau
I wanu â'u cwestiynau.

A dreigiau pob amheuon
Yno'n gymysg â'r gwymon
Yn gwaedu â'u hergydion.

Yn hudo dyheadau
A broc hunanhyder brau
I'w rhwygo ar y creigiau.

•

Unwaith, pan o'n i'n ddeunaw
I linell rhyw draethell draw
Ar y ffin â'r gorffennol
Un haf y daethom yn ôl;
Cregyn gwyn ein dyddiau i gyd
I'w chwilio wrth ddychwelyd.

Dirwyn ein gwead arian
A wnaem am awr i'r un man,
A ddaliai'i hud eiddil o
Oesoedd ei esgeuluso?
Onid oedd edefyn dau
Yn hŷn na thanchwa'r tonnau?

Cofio oerfel eiliadau'n cyfarfod,
Chwip o awel yn diwel drwy dywod,
Ein ddoe yn gwasgu, a'n heddiw'n gysgod,
Ac roedd hewian gwylanod – amhersain
Yno'n ubain ein diffyg adnabod.

Hwrdd o chwithdod yn clymu tafodau,
Ei ruthr yn chwalu a gyrru'n geiriau
I'w taenu hyd y tonnau – difäol,
A'u lli iasol yn traflyncu'n lleisiau.

O weld cymaint maint y môr
A gwendon yr agendor
Yn ei wyllt, ni fentrwn i
Hwylio fy mad drwy'r heli;
Un o hyd yr alltudiaeth
Er rhoi troed yn nŵr y traeth.

•

Yn ddi-hid un diwedd haf,
Heliodd y llanw olaf
Ei draed tua'r pellter draw
Yn ddiystyr o ddistaw,
Mynd dros elor y gorwel
Ar ei hynt heb ddweud ffarwel.

Nid oedd dy fordwyo di
Ymaith yn ddim byd imi,
Yno'n gryg uwchben y gro,
Galar ni fu, nac wylo,
Ond yn anial fy nghalon,
Ym mwrllwch duwch y don.

Roedd archoll am a gollwyd – yn iasoer,
    Yn eisiau nas cafwyd,
    Yn geriach nas agorwyd
Dan y lli'n gysgodion llwyd.

Yn nirgel fy sianeli
Nid wyf yn f'adnabod i,
Y dim adewaist ar d'ôl,
A nyddwyd imi'n waddol,
Yn dyst i ddieithrwch dau
A rwygwyd ar y creigiau.

Dim ond cargo'r môr a mi
A ŵyr halen yr heli."